AF227747

NOTICE BIOGRAPHIQUE

SUR

L'ABBÉ MALENFANT

Ancien Curé de Saint-Similien et doyen du Chapitre de Nantes

PAR

M. L'ABBÉ FOURNIER

CURÉ DE SAINT-NICOLAS,

—

RÉCIT DE SES FUNÉRAILLES.

NANTES

IMPRIMERIE VINCENT FOREST ET ÉMILE GRIMAUD
PLACE DU COMMERCE, 4.

—

1866.

M. L'ABBÉ MALENFANT.

On ne peut laisser sans un souvenir la pieuse et douce mémoire de
M. l'abbé Malenfant, dont hier encore on célébrait, avec larmes et
avec un immense concours de prêtres et de fidèles, le service de
huitaine dans la paroisse de Saint-Similien, qui ne l'oubliera de
sitôt.

Ce bon prêtre avait été marqué de la main de Dieu à un cachet
particulier. On rencontre, grâce au ciel, tous les jours, des ecclésiastiques de vertu, animés de l'esprit de leur état et qui honorent leur
ministère et la religion. Mais un prêtre aussi parfaitement bon, en
qui tout respirait la bienveillance, dont jamais personne n'eut à se
plaindre, incapable d'un acte, d'une parole, d'un procédé disgracieux,
en qui tout attirait et gagnait les cœurs des grands et des petits, qui,
pendant toute sa vie, fit constamment bénir la religion, c'est une
chose rare et belle, digne d'être consignée dans les nobles annales de
notre diocèse.

M. Malenfant était-il donc un homme supérieur? était-il un homme
de grande science, de grand génie, de haute éloquence? C'était
mieux que cela : c'était un homme d'une incomparable bonté. Son
cœur était vraiment un trésor, ce *trésor bon et excellent*, dont le juste
tire les plus précieuses choses. Il y avait en lui un ensemble de qualités naturelles et de vertus chrétiennes, qui lui ont donné la plus
sainte et la plus incontestable influence. Et si les hommes se mesu-
raient par le bien qu'ils font, quel prêtre, parmi ses contemporains,
en fit plus que lui, et d'une manière plus pure? Non-seulement cet
homme de Dieu a fait beaucoup de bien, mais, ce qui l'honore infini-
ment, il n'a fait que le bien.

En me rappelant, autant que je le puis, sa vie édifiante, en recueil-
lant les notes, les détails que j'ai pu me procurer, je trouve dans
l'abbé Malenfant beaucoup du Vincent de Paul et du François de

Sales. Moins éminent sans doute que l'un et l'autre, il les rappelle néanmoins et les reproduit assez fidèlement : même douceur inaltérable, même bonté sans mélange, même suavité de caractère, même amour inépuisable du pauvre, même modestie et oubli de soi, même bonhomie pleine de charme.

François Malenfant naquit dans le faubourg de Guérande qui a nom Queniguen, en l'année 1784. Comme saint Vincent de Paul, il fut très-pauvre ; son père était mort depuis deux mois lorsqu'il vit le jour : sa mère était sans ressources. Plus d'une fois, dans ses premières années, le jeune François connut les dernières extrémités de la misère ; mais sa pieuse mère l'élevait bien. Son bonheur était d'aller prier à la chapelle des Jacobins et, comme le jeune pâtre de Bugloz, il offrait à Dieu son cœur et sa peine.... Dieu veillait sur lui ; il avait mis dans cette âme d'enfant une flamme de foi qui ne devait pas faiblir. La grande révolution arrive ; la tourmente gronde et, comme une tempête affreuse, elle renverse les églises, les autels, les lieux sacrés. Semblables aux naufragés des côtes, les prêtres sont contraints de se disperser, de s'enfoncer dans les bois ou dans les réduits ignorés... Un de ces prêtres confesseurs, l'abbé Leguen, associe, pour ainsi dire, le jeune Malenfant à son ministère : avec lui il court la campagne, se glisse furtivement dans les villages, pour administrer quelques mourants ; avec lui il se cache dans les bois et, confiant dans sa précoce discrétion, le rend témoin et complice de la célébration des saints mystères, puisqu'il assistait et servait le prêtre, crime irrémissible en ces jours effroyables, qui rappellent les catacombes et les proconsuls. — Quelles impressions durent laisser dans l'âme du jeune François ces scènes incomparables : ces allocutions toutes brûlantes de foi, ces serments de fidélité, ces embrassements fraternels aux pieds de l'autel improvisé, ces messes nocturnes recherchées au péril de ses jours, ces communions à la veille de mourir, interrompus souvent par les pas des Bleus et les armes des persécuteurs !

L'enfant y fut fidèle ; car si ; dans ces moments solennels, le ministère du prêtre lui parut la plus sublime des missions, il fit tout pour s'en rendre digne, et, toute sa vie, il garda l'empreinte de ce temps héroïque. Et semblable, en effet, à ces devanciers, à ces anciens des jours mauvais, qu'il avait vus de si près, il conserva avec la plus forte énergie cette foi antique, dont nous avons, il est vrai, hérité, mais que nous ne possédons pas au même degré que ces hommes trempés dans l'épreuve.

La persécution passée, et le calme un peu rétabli, M. l'abbé Leguen fut nommé curé de la Chapelle-des-Marais. Il ne pouvait oublier son jeune et courageux compagnon. Il le prit avec lui et commença sa première éducation. Mais, absorbé par des soins trop multipliés, il négligeait beaucoup son élève. Il m'a été dit que François, dont l'extérieur doux et aimable charmait tout le monde, allait quelquefois dans une riche famille où un enfant de son âge était élevé avec soin ; il exprimait timidement le désir d'apprendre. — « Quelle est donc ta pensée ? » demandait la dame. — « Ah ! je serais si heureux si je pouvais étudier et devenir prêtre ! » — Et pendant quelque temps on l'associa aux leçons du fils de la maison, ancien magistrat qui vit encore.

Grâce à quelques bienfaits et surtout aux sacrifices de l'abbé Leguen, le jeune Malenfant, que sa pauvre mère ne pouvait guère aider, entra au collége de Redon, puis, peu après, au collége de Vannes, alors fort renommé. Mais, sur les entrefaites, sa mère étant venue à mourir, le pauvre orphelin, volontairement ou contraint, revint dans son village. Sans que j'en découvre les causes, à ce moment, les appuis lui manquent, l'édifice de ses rêves et de son saint avenir s'écroule ; il ne lui reste que les larmes, ou plutôt, un parent, le frère de son père, pauvre comme devaient l'être ces paysans qui sortaient d'une telle révolution, ne craint pas de l'accueillir. — « J'ai six enfants, lui dit-il, tu seras le septième, et, si tu persévères dans tes résolutions, je ferai pour toi tous les sacrifices [1]. »

Un peu plus tard, François, persévérant dans ses pieux désirs, l'oncle selle sa mule, prend en croupe le jeune aspirant au sacerdoce, et vient l'offrir au premier supérieur du Petit-Séminaire de Nantes, le vénérable M. Delsart. Il est accueilli. Pendant quelques années, en étudiant pour lui-même, il faisait une classe élémentaire ; il gagnait ainsi sa pension et indemnisait l'établissement. Avec une ardeur et un zèle qu'on retrouvait fréquemment à cette époque, il fit de la sorte son cours d'humanités, et entra en théologie.

Je n'ai pu recueillir de témoignages sur cette partie de la vie de M. Malenfant. Je me souviens pourtant d'avoir entendu autrefois mêler son nom avec éloge aux noms vénérés des messieurs Guyard, Grégoire et Bouyer ; mais certes sa vie sacerdotale tout entière est la

1 Ce parent est le père de l'abbé Joseph Malenfant, curé de Saint-Jean de Corcoué, que l'oncle reconnaissant aima toujours comme un fils.

meilleure preuve et le plus fort témoignage en faveur de ces années préparatoires et décisives.

Ordonné prêtre, en 1810, M. Malenfant fut nommé vicaire à Paim-bœuf. Cette ville avait pour curé un des prêtres les plus respectables de notre ancien clergé, M. Pronzat, confesseur de la foi, homme d'œuvres, d'une charité admirable et du plus noble caractère. Celui-ci comprit de suite le prix de l'excellent coopérateur qui lui était donné. L'affection la plus paternelle, l'intimité la plus douce, unirent ces deux âmes. M. Malenfant s'attacha avec respect à ce guide précieux, et, comme il le disait plus tard, outre ses vertus sacerdotales, il aimait en lui ses manières et ses habitudes graves, dignes et distinguées, qu'il conserva toujours lui-même, malgré sa parfaite simplicité. Quant au vénérable curé, il l'aimait tant, qu'il ne pouvait s'en taire, et qu'il ne voulait pas l'entendre appeler Malenfant, mais son *bon enfant.* Et, de fait, il fut tant estimé et apprécié de tous, qu'on en a jusqu'ici conservé le meilleur souvenir ; sûr pronostic de ce qu'il serait ailleurs et toujours.

Après six ans de vicariat, on le mit à même de choisir entre trois cures alors vacantes. Il opta pour Herbignac, où s'offraient à lui un rude travail et une difficile mission. Cette paroisse avait eu, en effet, pour pasteur, au commencement de la révolution, un prêtre asser-menté, M. l'abbé Lemasle, qui accepta même, sous l'empire de la constitution civile du clergé, l'évêché de Vannes. Il ne fallait rien moins que le zèle et les vertus de M. Malenfant, pour effacer de tristes souvenirs et détruire de fâcheuses influences, réparer les scandales et les résultats d'une coupable intrusion. Aussi faut-il que le ministère du bon pasteur ait été bien salutaire, car, sous son administration et par ses soins, Herbignac est devenu une paroisse exemplaire. Son nom y reste en vénération ; les pères le répètent avec amour à leurs enfants ; les anciens n'ont cessé, depuis son départ, pendant trente ans, de lui apporter, en toute circonstance, le témoignage de leur persévérante reconnaissance et de leur affection. Je dis affection, car partout où l'a placé la Providence, cet homme s'est fait aimer. Il suffisait de dire : — « Monsieur le Recteur désire telle chose, ou verrait telle chose avec peine, » pour qu'on s'empressât de s'y conformer. N'est-ce pas là le doux empire d'un père sur des enfants respectueux ?

Son ardeur pour le bien était si grande, que, dans les commence-ments, lorsque les secours religieux étaient plus rares, il se prodi-guait en dehors de sa paroisse. Une mission ayant eu lieu à Montoir, pendant plusieurs semaines, il y donnait son concours, pour en assurer le succès ; il partait le dimanche au soir, après les fatigues du jour ; pendant la semaine, il s'y prêtait à la prédication, à la confession, au chant, car il avait alors la voix belle et forte, et, le samedi, il rentrait près de son troupeau. Mais, s'il y amassa beaucoup de mérite et y fit beaucoup de bien, il y perdit sa santé, car, en traversant sur de frêles barques, par de mauvais temps, les marais de la Brière, il contracta une grave maladie. Depuis cette époque, victime de son zèle, il n'eut plus qu'une constitution chétive.

Après vingt ans de durs travaux à Herbignac, Mgr de Guérines appella M. Malenfant, (en 1835), à la cure de Saint-Similien. Je ne dirai point tous les obstacles que M. Malenfant mit à cette nomination. Son humilité y eut la plus grande part. Jamais homme ne fut plus naturellement humble ; je ne sais si jamais personne a surpris en lui un mouvement de cette sotte passion qu'on appelle l'amour-propre ; mais son affection à ses chers paroissiens y avait bien aussi son compte. Il doit en coûter à un pasteur, estimé et aimé au degré où il l'était, de se séparer d'une famille où l'on a passé vingt années de sa vie sacerdotale. Monseigneur affirmait au bon curé qu'à Nantes il aurait plus d'aide et moins de travail. L'évêque se trompait.

A peine installé à Saint-Similien, le successeur du vénéré M. Paty inspira la plus extrême confiance. Sa simplicité si vraie, sa bonté si parfaite, son extrême complaisance allant jusqu'à l'abnégation, son accueil si bienveillant, charmèrent tout le monde. Sans qu'il le voulût, sans qu'il le pût prévoir, sa vertu se fit jour. On vit en lui l'homme de Dieu et le père des pauvres, deux nobles qualités qui brillaient dans toute sa conduite. On venait en foule réclamer ses conseils. Les prêtres comme les laïques, les riches comme les pauvres voulaient se placer sous sa direction, et le pieux et simple prêtre se voyait environné de la plus haute estime.

La richesse n'est pas commune dans cette grande et importante paroisse de Saint-Similien ; des quartiers entiers sont presque peuplés de familles pauvres ; situation douloureuse pour un curé plein de cœur et accoutumé à soulager le malheur. On le comprit, et j'ai ouï dire que souvent des âmes généreuses vinrent au-devant de ses désirs et le secondèrent dans ses bonnes œuvres ; ce qui ne l'empêchait pas de donner largement de lui-même tout ce qu'il possédait. Premier pauvre lui-même, n'aimant et ne cherchant jamais le bien-être, il accomplissait avec perfection le devoir de la charité et de l'aumône. Il accueillait avec douceur, patience et bonté les demandes incessantes, importunes, souvent déraisonnables dont un curé est accablé; il donnait presque toujours, et dans toute la mesure que comportaient ses ressources et sa sévérité envers lui-même. Aussi a-t-il mérité le titre, vraiment enviable et glorieux, de *Père des pauvres*.

S'il faisait parfois quelques réserves, ou s'il osait, — ce qui était rare, — solliciter timidement, c'était pour un autre genre de bonne œuvre, afin de favoriser les vocations ecclésiastiques. Plus d'un prêtre dans le diocèse a de grandes obligations au bon M. Malenfant.

Ainsi se passèrent encore vingt autres années de sa vie sacerdotale, années véritablement pleines ; car, même sans œuvres éclatantes, sans grand retentissement, vingt années d'un dévouement infatigable, d'un travail chaque jour renouvelé, sans repos, sans trêve, au milieu d'une population immense dont il embrassait toutes les douleurs, ses jours à moitié employés au ministère fructueux, mais fatigant, de la direction des âmes, dans l'étroite cellule où il s'accomplit, et toutes les vertus et les abnégations qui s'y rattachent, c'est une bonne et belle portion d'une existence, c'est un grand mérite devant Dieu et devant les hommes. Ajoutons, en outre, que de grandes choses se firent par lui et sous son rectorat. C'est lui qui accueillit avec faveur les Pères Jésuites en 1836, leur procura leur première mission et leur premier asile dans le diocèse, alors que cette pieuse fondation, appelée à faire tant de bien, souffrait des difficultés. Il soutint et étendit l'œuvre importante des Ecoles chrétiennes; sous son patronage, un ouvroir fut établi pour les jeunes filles. Plus tard, il acquit le presbytère, et, de concert avec la généreuse demoiselle Richer, fonda et accrut considérablement la maison des Sœurs de Saint-Vincent de Paul, établissement précieux où la première enfance reçoit l'instruction chrétienne, où de jeunes filles sont formées au travail et à la vertu, sans parler d'une multitude d'œuvres en dehors de sa paroisse, où il avait la main, s'il n'en était pas l'inspirateur.

En 1855, M. Malenfant crut sentir ses forces faiblir ; il pensa, du moins, qu'il pouvait songer un peu au repos. Dans son humilité, il craignait que la vigueur sacerdotale et l'activité du zèle ne fussent plus en lui à la hauteur de ses devoirs; il résigna sa cure, et, en acceptant sa démission, Mgr Jaquemet, qui l'avait déjà appelé dans le sein du conseil épiscopal, le nomma chanoine, doyen du chapitre, vicaire général, accumulant sur l'humble tête du curé démissionnaire les témoignages de sa haute et respectueuse estime.

Mais la retraite du digne prêtre, qui fut un coup de foudre pour le troupeau, n'ôta rien à la confiance qu'on lui avait vouée : les fidèles, autant qu'il le permettait, et sur ce point il allait au-delà de ses forces, recherchaient sa pieuse direction, sa sage conduite et, jusqu'à la fin, malgré des infirmités croissantes, il n'a cessé de se livrer à ce saint ministère.

Les dernières années de l'homme de Dieu ont été marquées par des infirmités. L'ouïe devint plus dure; il avait de moins en moins l'usage de ses jambes, et, tout à la fin, la tête faiblissait un peu ; mais, dans cette dernière partie, comme dans le reste de son existence, son beau caractère, sa belle vertu, sont restés les mêmes.

Rien n'égala le calme, la douceur gracieuse de sa belle âme. Beaucoup de gens ne sont bons et tolérables qu'au dehors; au dedans, ils sont âpres, difficiles, fâcheux à tous. Lui était envers tous et toujours ce que chacun a pu le voir. Ceux qui vécurent avec lui, ses amis, ses collaborateurs, ceux qui eurent la douceur de le servir, le trouvèrent toujours le même, honnête, affectueux, reconnaissant. C'était toujours avec une douce parole ou un aimable sourire qu'il recevait le plus léger service. Si, d'après un proverbe connu, il n'y a pas de grand homme pour son valet de chambre, on doit juger sérieuse et incontestable une vertu que les serviteurs et les intimes exaltent à l'envi. Son fidèle Jean-Marie le veillait la nuit et lui rendait quelques soins. Souvent le malade lui exprimait affectueusement sa reconnaissance. — « Comment, disait-il, pourrai-je te récompenser de ton dévouement ? » — « Je suis payé d'avance, reprit le serviteur, avec autant de sincérité que de délicatesse, par le respect et l'affection que je vous porte et par le bonheur de vous servir. » — En vérité, ces paroles méritent d'être conservées. Elles valent le plus bel éloge et honorent grandement, non-seulement le maître, mais encore celui qui les a prononcées.

Dans toutes ces souffrances, dans ces longues infirmités, dans cette vie de privation et d'isolement, pas une plainte, pas un mot fatigant ou pénible pour qui que ce soit. Mais aussi quelle foi ! quel abandon à la volonté suprême ! quelle pureté d'âme ! Comme Dieu se complaisait dans ce serviteur soumis et fidèle, aussi vertueux et méritant dans la souffrance que dans l'action !

Tant qu'il l'avait pu, il avait, avec la plus grande assiduité, assisté à l'office canonial; car sa régularité fut toujours exacte et scrupuleuse. Tant qu'il l'avait pu également, il s'était transporté, le dimanche, à l'église ; mais lorsque ses forces l'abandonnèrent, sa consolation fut de recevoir, chaque dimanche, chez lui, la sainte communion. Sa chambre, parée avec soin, s'embaumait de la présence de son Dieu et de sa fervente prière , et tout le monde s'édifiait à ce touchant spectacle.

Enfin, lorsque Dieu l'a appelé à lui, la nouvelle de la mort de ce juste s'est répandue dans la ville comme une douleur de tous et un malheur de famille, et, au jour de ses funérailles, son oraison funèbre était dans toutes les bouches. Cette vertu sympathique et populaire avait depuis longtemps gagné tous les cœurs ; ce que l'on entendait alors en était l'expression simple et vraie. Il était si aimé, que les larmes coulaient de tous côtés. Que de mots charmants échappés de ces naïves et bien vives reconnaissances, à la louange de ce cher défunt, à qui l'on prodiguait des mots de tendresse, comme à un père, et de vénération, comme à un saint ! C'est surtout dans le parcours de Saint-Similien, son ancienne paroisse, que les témoignages de deuil et de douleur ont été plus éclatants. Toutes les rues, toutes les maisons étaient tendues, les magasins fermés, et le silence et les larmes exprimaient seuls les sentiments dont on était pénétré ; tous se confondaient dans une même douleur.

Je n'ai point été témoin, à mon grand regret, de ces pieuses funérailles, mais on m'a dit que l'âme de ce saint, en s'échappant de son corps, y avait laissé une dernière empreinte, que la physionòmie était douce, qu'un calme serein parait son front, qu'il semblait sourire, et que rien ne rappelait l'horreur de la mort.

Béni soit l'homme de Dieu qui, par le charme de sa vertu et la perfection de sa bonté, a su faire aimer et la vertu et la religion qui en est la source !

Puissions-nous mourir de la mort des justes ! Puisse notre fin être semblable à la leur !

Funérailles de M. l'abbé Malenfant.

Le corps du saint vieillard, revêtu des habits sacerdotaux, est resté exposé depuis le vendredi, 19 octobre, à midi jusqu'au lundi matin, et durant ce long intervalle, une foule énorme est venue s'agenouiller auprès de sa couche funèbre : prêtres et fidèles, tous voulaient contempler encore une fois ses traits, lui dire dans la prière un dernier et solennel adieu.

Le lundi 22, à dix heures et demie, le chapitre et le clergé de la cathédrale se sont rendus processionnellement à la maison mortuaire, où M. l'abbé Richard, vicaire-général, a fait la levée du corps. Les cordons du poêle étaient tenus par M. l'abbé Branchereau, supérieur du grand-séminaire, M. l'abbé Dubois, curé de Saint-Pierre, M. l'abbé Olivier, chanoine, et M. l'abbé Sorin, chanoine honoraire et ancien curé de Guérande. Après la messe, qui a été célébrée par M. l'abbé Laborde, vicaire-général, et l'absoute donnée par M. Richard, le cortége s'est dirigé par la rue Royale et la place du Port-Communeau vers le cimetière de Miséricorde, où devait avoir lieu l'inhumation.

A l'entrée de la route de Rennes, le clergé de Saint-Similien, auquel s'étaient jointes des députations de toutes les institutions et de toutes les écoles, est venu recevoir le corps du respectable défunt ; et de là le convoi funèbre s'est rendu par la rue Talensac et la rue Bel-Air à l'église de cette paroisse, dont M. Malenfant avait été le pasteur durant tant d'années. M. l'abbé Frangeul, son successeur, a présidé l'absoute qui a eu lieu dans l'église de Saint-Similien, où tout rappelait le souvenir de celui que les fidèles reconnaissants appellent encore aujourd'hui, à onze ans de distance, « le bon M. Malenfant. » Cette pieuse cérémonie achevée, le convoi a gagné le cimetière de Miséricorde en suivant la rue des Arts, la rue du Marchix, la rue Porte-Neuve, la place Viarmes et la rue Miséricorde. Depuis le pont du Port-Communeau jusqu'au cimetière, sur toute l'étendue du parcours, qu'on avait allongé à dessein, afin de satisfaire les désirs des habitants de Saint-Similien, les maisons, tendues de noir, annonçaient un deuil général. Partout une affluence considérable venait témoigner par sa présence ses regrets et ses sympathies ; aussi le cortége, déjà nombreux à son entrée sur le territoire de Saint-Similien, allait toujours grossissant, et bientôt il forma une multitude immense. Au cimetière de Miséricorde, M. l'abbé Richard a récité les dernières prières, pendant que le corps du vénérable doyen était déposé dans un tombeau de famille, situé à l'entré du cimetière, et dans lequel avait déjà été inhumé en 1847 M. l'abbé Landeau, curé de Gétigné et neveu de M. Malenfant.

Nous ne pouvons nous empêcher de constater dès aujourd'hui les enseignements qui ressortent de l'importante manifestation dont il a été l'objet. Quelle est donc la force secrète qui met ainsi en mouvement toute une population ? Pourquoi ces foules nombreuses viennent-elles saluer avec émotion et respect ses dépouilles mortelles ? Ah ! nous le proclamons avec bonheur, ce sont les sentiments les plus élevés et les plus généreux qui inspirent une pareille conduite. Ce peuple recueilli, silencieux, sympathique, qui exprime ses regrets et répand ses prières auprès d'un cercueil, se propose un but noble et grand. Il veut rendre par là un solennel hommage à J.-C. dans son représentant, et à la religion dans son ministre ; il veut honorer le caractère sacerdotal dignement porté, et la mission du prêtre sainte-

ment accomplie ; il veut payer aux vertus et aux bienfaits du pasteur
des âmes la dette de son admiration et de sa reconnaissance. Les
esprits les plus simples comprennent en pareil cas qu'il y a là une
grandeur cachée qui mérite l'estime et la vénération.

Que l'on compare en effet la vie de ce saint prêtre avec celle
d'un libre-penseur, d'un partisan de la morale indépendante, et
l'on verra lequel des deux a été plus véritablement grand en lui-
même, plus réellement utile à ses frères. Le libre-penseur pro-
fesse des doctrines aussi funestes qu'elles sont fausses : il nie le
bonheur du ciel, et en échange des destinées si glorieuses que
Dieu a préparées à l'homme, il n'offre à ce dernier pour ressource
que le néant de la tombe après les misères de l'existence. Alors la
vertu n'est qu'un mot, la morale une affaire de convention ou d'in-
térêt, et le vil égoïsme devient la suprême loi.

En regard de ce tableau, placez la consolante image du prêtre vénérable dont nous pleurons la perte, et comptez, si vous le pouvez,
les bienfaits qui composent le tissu de sa longue carrière. Que ne pou-
vons-nous entendre ici les ignorants qu'il a instruits, les âmes dé-
voyées qu'il a ramenées au bien, les infortunés auxquels il a pro-
digué les consolations, les pauvres dans le sein desquels sa main aussi
discrète que charitable a versé de si abondants secours ! Les orphe-
lins auxquels il a servi de père, les malades qu'il a visités, les pieux
fidèles qui assiégeaient son confessionnal et qui sous sa direction appre-
naient à mieux connaître Dieu et à le servir avec plus de ferveur, nous
raconteraient tant de faits édifiants, tant de merveilles de charité enve-
loppés jusqu'ici dans un impénétrable mystère !

Saint prêtre, à Paimbœuf d'abord, à Herbignac ensuite, plus tard
dans cette grande cité nantaise, vous avez opéré un bien sérieux et
incalculable, mais votre rare modestie a toujours su le couvrir d'un
voile épais ; vous vous ignoriez vous-même, et vous vouliez demeu-
rer inconnu jusque dans l'exercice de la charité envers vos frères.
Dieu, pour lequel vous agissiez et qui a été le témoin de vos œuvres,
pourra seul vous accorder une digne récompense. Laissez-nous tou-
tefois, près de votre tombe à peine fermée, vous dire que vous em-
portez notre vénération, nos regrets et notre reconnaissance. Longtemps, bien longtemps votre souvenir demeurera dans la mémoire
des populations au sein desquelles vous avez vécu; nous conserverons
avec soin votre mémoire bénie, et nos descendants répèteront encore
après nous ce que nous disons de vous aujourd'hui : « Comme J.-C.,
ce saint prêtre a passé en faisant le bien. »

Nantes, imp. Vincent Forest et Emile Grimaud, place du Commerce, 4.